CATALOGUE

D'UNE BELLE COLLECTION

D'ESTAMPES

ANCIENNES ET MODERNES,

EN FEUILLES, EN RECUEILS ET ENCADRÉES,

PROVENANT DU CABINET DE M. ***.

Par PIERI-BÉNARD.

La Vente se fera les lundi 13, mardi 14, mercredi 15 et jeudi 16 de novembre 1826, à six heures précises du soir,

HÔTEL BULLION (SALLE N°. 3), RUE J.-J. ROUSSEAU, N°. 3.

L'Exposition aura lieu le dimanche 12 novembre, de onze heures à quatre. Tous les jours de vente, on verra les articles de chaque vacation, de midi à deux heures.

LE PRÉSENT CATALOGUE SE DISTRIBUE

Chez { M°. BONNEFONS DE LAVIALLE, commissaire-priseur, rue Saint-Marc, n°. 14;
M. PIERI-BÉNARD, m^d. d'estampes de la Bibliothèque du Roi, boulevard des Italiens, n°. 11.

1826.

ORDRE DES VACATIONS.

Première Vacation, lundi 13.

N°. 94 à 120—182 à 207—335, 336—343 à 361—365 à 413.

Deuxième Vacation, mardi 14.

N°. 48 à 82—212 à 275—414 à 434.

Troisième Vacation, mercredi 15.

N°. 1 à 47—83 à 93—121 à 144—148 à 165—172 à 181—208 à 211—362, 363, 364.

Quatrième Vacation, jeudi 16.

N°s. 145, 146, 147—166 à 171—276 à 331—334 à 342—435 à *la fin*.

Abréviations.

ap.	après.
av.	avant.
c.	cabinet.
Ch.	Chine.
ép.	épreuve.
est.	estampe.
l.	lettre.
pa.	papier.
pi.	pièce.

Les numéros suivis d'une étoile désignent les objets encadrés.

AVERTISSEMENT.

La Collection des Estampes décrites dans le présent Catalogue a été formée par un de ces amateurs dont les connaissances et le goût délicat ne les portent à acquérir une pièce que lorsqu'elle est parfaite sous tous les rapports. Les relations que M. *** avait, lui ont fourni les moyens de se procurer dans les estampes modernes des épreuves de la première condition et avec des remarques qui en constatent la rareté.

Parmi les anciennes, il nous suffira de dire, pour en faire connaître la beauté, qu'elles viennent des cabinets les plus célèbres, tels que ceux des Mariette, Dufrêne, Karcher et autres.

Les personnes qui examineront notre Collection, trouveront donc réunies les plus belles productions des *Audran, Bervic, Desnoyers, Drevet, Edelinck, Forster, Laugier, Lignon, Massard, Morghen, Raimbac, Wille, Woollett* et autres, toutes avant la lettre ou avec des remarques.

Nous recommandons particulièrement à l'attention des amateurs qui forment des suites, l'œuvre de Nanteuil : il est vraiment extraordinaire de trouver réunis autant de morceaux de ce graveur célèbre, d'une aussi belle conservation et avec autant de remarques rares.

Les Recueils et Vignettes nous offrent aussi quelques

ouvrages importans. Nous ferons remarquer surtout le Musée Royal, très-bel exemplaire avant la lettre; un Recueil de Vues de Paris, gravées par les plus habiles graveurs anglais, d'après les dessins de M. *Nasch*, exemplaire unique composé par cet artiste : les épreuves s'y trouvent doubles, les unes à l'eau-forte pure, les autres terminées et toutes avant la lettre et sur papier de Chine. Une suite de Vignettes pour les œuvres du Camoëns, gravées par les premiers artistes français, épreuves choisies avant la lettre et sur papier de Chine, etc., etc.

Nous espérons que les amateurs ne laisseront point échapper l'occasion d'enrichir leurs cabinets d'estampes et d'ouvrages précieux qui deviennent de jour en jour plus rares, et que difficilement on rencontre dans les ventes publiques et même dans le commerce.

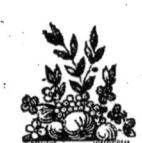

CATALOGUE

D'UNE BELLE COLLECTION

D'ESTAMPES.

M. ADAM.

1. Louis XVI distribuant les aumônes, ép. av. la l. et sur papier de Chine.
   L'eau-forte de la même.
2. La maladie de Las Casas, ép. av. la l. et sur papier de Chine.
3. La même avec la l.

ANSELIN.

4. Molière lisant le Tartufe, ép. av. la l.

AUDOUIN.

5. La Vierge, *dite* belle jardinière, d'après *Raphaël*, av. la l. (*du Musée*).
6.* Jupiter et Antiope, et Vénus blessée.
7. Portrait de Louis XVIII, de Henri IV et de M. Le Brun, ép. av. l.

8.* Portrait de Louis XVIII, d'après M. *Gros*, ép. av. la l. et richement encadrée.

B. AUDRAN.

9. Moïse et les bergers, les sept sacremens, la bataille d'Arbelles av. la l., la maladie d'Alexandre, l'enlèvement des Sabines, et dix-sept petits sujets et vignettes. *Ce numéro sera divisé.*

G. AUDRAN.

10. Dieu se montrant à Moïse dans un buisson ardent, d'après *Raphaël*, belle ép.
11. Jugement de Salomon, d'après *Coypel*, ancienne et belle ép.
12. Jésus montant au Calvaire, grande est., d'après *Mignard*.
13. Ananie frappé de mort, d'ap. *Raphaël*, très-belle ép.
14. Saint Paul et saint Barnabé refusant de sacrifier aux idoles, d'ap. *Raphaël*.
15. Martyre de saint Protais, d'ap. *Le Sueur*.
16. Pyrrhus sauvé, d'ap. le *Poussin*.
17. La peste d'Éaque avec la Junon et le paon, d'ap. *Mignard*, très-belle ép.
18. L'empire de Flore, enlèvement de Ganimède et autre; 3 pièces.

J. AUDRAN.

19. Jésus guérissant le boiteux à la porte du temple,

d'ap. le *Poussin*; Henri IV délibère sur son futur mariage, d'ap. *Rubens*; le portrait de d'Estrées, avec et avant l'ordre du Saint-Esprit; Beringhen et autres; 11 pièces.

BALECHOU.

20. Le calme, d'ap. *Vernet*, imprimé des deux côtés de la feuille; ép. av. toutes l., et avec différences, pi. rare.
21. Portrait du comte de Bruht et de Crébillon.

BARTOLOZZI.

Gravures au burin.

22. Adam et Ève, départ d'Abraham, Sainte-Famille, Vierge au poisson, Jésus endormi; 5 pièces dont 4 sont av. la l.; d'ap. *Raphaël, Cipriani, Sirani* et autres.
23. Massacre des Innocens, d'après le *Guide*, ép. av. la l. Cet artiste infatigable a gravé ce beau morceau à quatre-vingt-deux ans.
24. Présentation au temple, d'ap. le *Guerchin*.
25. Neuf pièces vierges, saints et saintes, d'après *C. Dolci, Cipriani, Van Dick* et autres. Plusieurs sont av. la l. et sur papier de Chine.
26. Testament d'Eudamidas, mort de Didon, Aurore et Céphale, jeux d'enfans, d'après le *Pous-*

sin, *Cipriani*, *P. de Cortone* et autres; 5 pièces, 3 sont av. la l.

27. Hercule et Déjanire, tombeaux allégoriques; 5 pièces av. la l.
28. Allégories, frontispices et autres sujets divers.
29. Mort de lord Chatam, ép. av. la l.
30. Mort du capitaine Cooke, et 5 autres pièces de forme ovale; 4 sont av. la l.
31. Portraits du Grand-Frédéric et de l'ambassadeur de Perse, Mirza Hassam.
32. Billets pour bals et soirées d'harmonie, 22 pi. av. la l.
33. Sujets, vignettes et billets de bals; 12 pi., plusieurs sont av. la l.
34. Sujets historiques, bas-reliefs, vases, médailles, etc.; 12 pi. av. la l.
35. Douze sujets divers av. la l.; quelques-uns sont remmargés.

Gravures au pointillé.

36. Anges, sujets tirés de diverses histoires; 10 pi. av. la l.; quelques-unes sur papier de Chine.
37. Bacchus et Télémaque, d'ap. *An. Kauffman.*
38. Quinze pièces diverses, bas-reliefs, etc.; beaucoup sont av. la l.
39. Seize sujets gracieux, la plus grande partie av. la l.

40.* La femme adultère, d'après le *Carrache*; Céladon et Amélie, et autres pièces encadrées.

BAUDET.

41. Diogène jetant son écuelle, paysage d'après le *Poussin*, ancienne et belle ép.

BEAUVARLET.

42. La lecture et la conversation espagnole, av. la l.

S. LA BELLE.

43. Les quatre élémens avant les numéros, et divers autres sujets, par *de la Belle* et *Israël Silvestre*.

BERVIC.

44. L'éducation d'Achille, d'ap. *Regnault*, 1re. ép. av. la l. et sur papier de Chine, *provenant du cabinet Bervic, n°. 13 de son c.*

45. L'enlèvement de Déjanire, 1re. ép. av. la l. et avec le talon couvert; peu d'ép. sont connues avec cette remarque; *du cabinet Bervic, n°. 12 de son c.*

46. L'innocence, ép. av. la l., d'ap. *Mérimée*.

46 *bis*. D°. avec la l.

47. Portrait de Linnée et le repos, d'ap. *Lépicié*.

D. BERTAUX.

48. Suite des batailles d'Italie, 24 pièces.

BETTELINI.

49. L'assomption de la Vierge, d'ap. le *Poussin*, ép. av. la l.
50. Mater amabilis, d'ap. *Allori*, lettre blanche.

BLOEMAERT.

51. La Nativité, d'ap. *Raphaël*, très-belle ép. *provenant du cabinet Mariette, n°. 617 du c.*

M. BLOT.

51 *bis*. Le jugement de Pâris, d'ap. *Vanderwerff*, ép. av. la l.

J. J. DE BOISSIEU.

Toutes les pièces de cet artiste sont de choix.

52. Le paysage connu sous le nom de l'Oratoire et les petits Maçons, sur papier de Ch. *Ces deux pièces sont regardées comme les meilleures productions du maître.*
53. Les deux mêmes sur pap. blanc.
54. Deux paysages d'ap. le *Poussin* et *Cl. Lorrain*, sur pap. de Ch.
55. Les deux mêmes sur pap. blanc.
56. Les Joueurs de boules près l'ancienne porte de Vaize à Lyon; deux ép., une sur pap. blanc et l'autre sur pap. de Ch.
57. Deux paysages; vue des environs de Lyon et l'homme à cheval; anciennes ép. *provenant du cabinet Rigal, n°. 135 du c.*

BOLSWERT.

58. Jésus chez Nicomède et une Vierge, d'ap. *Van-Dick* et *Segers*; une est remmargée.

BOVINET.

59. Testament de Louis XVI, première ép. av. les noms des artistes. Le départ de Louis XVIII et retour de Napoléon en 1814, avec l'eau-forte. Ces deux pièces sont av. toutes l.
60. La bataille d'Austerlitz, première ép. av. toutes lettres et sur pap. de Ch.; et l'eau-forte avancée de la même est.
61. La barrière de Clichy.

BROWN.

62. Deux paysages, Vénus enlevant Adonis et pendant, d'ap. *Suanewelt*; ép. avec la l. blanche.
63. L'abreuvoir, d'ap. *Rubens*; av. la l.

BURCK.

64. Henri et Emma, et Sacripante, d'ap. *Ang. Kauffman*.

BURNET.

65. L'oiseau, ép. avec la l. blanche.

BYRNE ET FITTLER.

66. Deux paysages, av. la l.

CALLOT.

67. La tentation de Saint-Antoine, ancienne ép.;

le passage de la Mer-Rouge et deux vues de Paris, belles ép.

68. Les misères de la guerre, 18 pi.

AUG. CARRACHE.

69. Saint Jérôme; Énée sauvant son père de l'embrasement de Troie, etc.; 4 pièces, d'ap. le *Tintoret*, *Vanius* et autres.

CARDON.

70. Le portrait du duc d'Enghien et Hébé, ép. av. la l.

M^r. CARON.

71. Cyparis, ép. av. la l. et sur pap. de Ch.

CHATEAU.

72. La manne, d'ap. le *Poussin*; ép. av. toutes lettres, et Loth recevant les anges.

M. CHATILLON.

73. Saint Michel, d'ap. *Raphaël*, ép. sur pap. de Ch. et av. la l.

COLLYER.

74. Le prince et la princesse de Galles, madame Mara dans le rôle d'Armide, et autres; 4 pi.

COMTE.

75. Jupiter et Léda, Narcisse au bord de l'eau et l'Épicurisme; 3 pi.; les figures par *Bartolozzi*; ép. av. la l.

G. COOKE.

76. La vue de Roterdam, ép. sur pap. de Ch. et av. l.; seulement les noms des artistes tracés à la pointe; premier état de la planche qui a été brisée après avoir tiré un petit nombre d'ép.

COOPER.

77. Le chapeau de paille, d'ap. *Rubens.*

COPIA.

78. Un révolutionnaire et le maréchal, ép. av. la l.
79. L'amour enchaîné et l'amour vainqueur, d'ap. *Prud'hon;* ép. av. la l.

DAUDET.

80. Sujets de tabagie, batailles, paysages et autres; ép. av. la l.; 9 pi., dont 2 par *Guttemberg* et *Dequevauvillier.*
81. Quatre paysages, d'ap. *Berghem, Poelembourg* et autres; ép. av. la l.

DEFREY.

82. L'ange disparaissant devant Tobie, et une Sainte-Famille, d'ap. *Raimbrandt;* ép. av. la l.; une sur pap. de Ch.

M. AUG. DESNOYERS.

83. La visitation, d'ap. *Raphaël,* ép. avec la l. blanche.

84. La Vierge au Donataire, *dite* de Foligno, d'ap. *Raphaël*; belle ép. av. la l. du *cabinet Bervic*, n°. 63 *du c.*
85. La Vierge au poisson, d'ap. le même, ép. de choix av. la l. et sur pap. de Ch.
86. La Vierge au linge, d'ap. le même; ép. av. la l.
87. La Vierge aux rochers, d'ap. *Leonardo da Vinci*, rare ép. av. toutes lettres; seulement les noms des artistes. Cette épreuve, d'un ton très-vigoureux, est de la plus grande pureté.
88. La Vierge *dite* du palais Tempi, d'ap. *Raphaël*; belle ép.
89. Le Bélisaire, d'ap. *M. Gérard*, première ép. av. la l. et av. la petite ligne, *imprimé par Rambos*; on n'en connaît que deux ou trois avec cette remarque.
90. Napoléon en grand costume d'empereur, d'ap. *M. Gérard*; rare ép. av. la l.; il n'en existe que cinq ou six ép. de cette qualité.
91. Le même portrait avec la lettre, belle ép.
92. La Madeleine, d'ap. le *Corrège*; les portraits du comte Siméon, Custode et Lisbeth; 4 pi. tirées de son voyage d'Italie.

DICKINSON.

93. La visite du fermier et pendant.

DORIGNY.

94. La transfiguration, d'ap. *Raphaël*, et la descente de croix, d'ap. *Daniel* de *Voltaire*; ép. av. le titre de *Chevalier*.

DREVET.

95. Adam et Ève, belle ép., d'ap. *Coypel*; et sacrifice d'Abraham, d'ap. *le même*.
96.* Rébecca, belle ép. av. les contre-tailles sur les nuages.
97. Esther devant Assuérus, av. l'adresse de *Drevet*, avec peu de marge.
98. La résurrection, belle ép.
99.* Louis XIV en pied, couvert du manteau royal, d'ap. *Rigaud*; très-belle ép. avant les changemens faits aux jambes et à la perruque; ép. dite *aux petits mollets*.
100. Louis XIV et Louis XV; deux pi.; une est remmargée.
101. Les portraits de Bossuet, Fénélon, du duc d'Orléans, de Leblanc, du cardinal de Fleury et de Rigaud, av. la l.; 6 pi.

DUCHANGE.

102. Danaée et Léda, d'ap. le *Corrège*.

DUPONT.

103. Frontispice de la Henriade, d'ap. *M. Gérard*,

ép. av. toutes lettres; les noms desartistes tracés à la pointe et sur pap. de Ch., du *cabinet Bervic.*

EARLOM.

104. La sorcière, d'ap. *Teniers*, gravée en manière noire, ép. av. la l.
105. La forge, est. en hauteur gravée id., d'ap. *Wright*, ép. av. la l.

G. EDELINCK.

106. Moïse tenant les Tables de la loi, ép. rare, av. la dédicace à M. de Harlay, et très-bien conservée.
107. La même est. avec la dédicace, belle ép.
108. La tente de Darius, d'ap. le *Brun*, 1ʳᵉ. ép. av. les chiffres romains et av. le nom de Goyton : cette pièce capitale est très-rare.
109. Le combat des quatre cavaliers, très-belle ép. av. les points sur la lame du sabre.
110. Apollon servi par les nymphes.
111. Exposition du Saint-Sacrement, vignettes et sujets religieux; 7 pi.; quelques-unes av. la l.
112. Le portrait de Louis XIV pour une thèse; grande pièce en deux feuilles.
113. Portraits de Louis XIV à différens âges, sujets allégoriques sur le même personnage, frontispices, portraits de Philippe V, de la reine Ul-

rique, etc.; 7 pièces, toutes avant la l., et quelques-unes provenant *du cabinet de M. Dufresne.*

114. Le portrait de Dilgerus, pièce rare, difficile à trouver aussi brillant et d'une conservation aussi parfaite.
115. Très-belle copie de ce portrait dans le sens opposé av. toutes lettres.
116. H. Rigaud, première ép. av. des travaux sur le fond, sur le tableau et sur le chevalet.
117. Philippe de Champagne, beau d'ép. et remmargé.
118. Deux portraits de Fagon, un est avec et l'autre sans les vers de Santeuil.
119. Portraits de Parent av. les changemens qui ont été faits à l'œil droit et au nez, et celui de Bertin av. la l.
120. Portrait de La Fontaine remmargé; Pascal, deux ép. de Ch. Le Brun, beau, mais sans marge; Santeuil, Gherardi et Mouton; 7 pi.

FOSSEYEUX.

121. L'Enfant prodigue av. toutes lettres (*du grand Musée*).

FIQUET.

122. Portraits de Montaigne, Molière, Crébillon, J.-B. Rousseau, R. Pucelle et Rigaux; 6 pi.

FLIPPART.

123. L'accordée de village et le paralytique servi par ses enfans, d'ap. *Greuze*, ép. av. toutes l.

M. FORSTER.

124. La Vierge au coussin vert, d'ap. *Raphaël*, av. la l. et sur pap. de Ch.

125. Deux camées sur une feuille av. la l. et sur pap. de Ch.

126. L'Aurore et Céphale, d'ap. *M. Guérin*, ép. avec la l. blanche et sur pap. de Ch.

127. Portrait d'Al. Durer, av. toutes l.; seulement le nom du graveur écrit à la pointe, sur pap. de Ch.

128. Les portraits du maréchal Marmont av. toutes l., et de M. A. Humboldt avec la l. blanche.

129. Portrait de Guillaume III, roi de Prusse.

FORSSEL.

130. Portrait rare de Louis XVIII av. la l. et p. de Ch.; portrait de Ducis av. la l., et une femme ouvrant sa croisée; 3 pi.

C. GALL.

131. Jésus et saint Jean, Philemon et Baucis, allégorie sur la peinture, 3 pi., d'après *Rubens* et autres.

M. GARNIER.

132. Orphée et Euridice, d'ap. *Drolingh*, ép. av. la l. et sur pap. de Ch.
133. *Idem*, av. la l.
134. Pozzo-di-Borgo, av. toutes l., d'ap. M. *Gérard*. Ce portrait parfaitement gravé, a été donné par l'auteur à *Bervic, n°.* 79 *de son C.*

M. GELÉE.

135. Frontipisce représentant Jeanne d'Arc couronnée par la France, sur pap. de Ch.
136. Le berger de Virgile, av. la l., pap. de Ch.

GIRARDET.

137. La Cène, d'ap. *Ph. de Champagne*, ép. av. la l., *du cabinet Karcher, n°.* 114 *du C.*
138. Descente de Croix, d'ap. *André-del-Sarte*, très-belle ép. sur pap. de Ch.
139. Mort du duc de Berry, avant la l. et pap. de Chine.
140. Assemblée des États-Généraux aux Champ-de-Mars, et la statue de l'abondance.
141. Portrait de Racine et vignettes, av. la l. et sur pap. de Ch.; 9 pi.

GREEN.

142. Serment du jeune Annibal, Régulus retour-

nant à Carthage, et la mort de César, d'ap.
B. West. Ces trois estampes sont richement
encadrées; elles sont collées sur du grand papier, pour obtenir de grandes marges.

GUTTEMBERG.

143. Descente de Croix, d'ap. *Rubens*, ép. av.
toutes l. (*grand Musée*).

HEATH.

144. Saint Christophe portant l'enfant Jésus; deux
sujets tirés du poëme de Charlemagne, par *Lucien Bonaparte*. Deux sujets de marine, mort
de Nelson, Antiochus et le portrait de B. West;
8 pi., av. la l. et sur pap. de Ch.; 2 sont par
Cook. Ce numéro sera divisé.

HOLLAR.

145. La cathédrale de Strasbourg, belle ép.

J. HOPFER.

146. Saint Pierre à la porte du temple. Combat de
cavalerie et une pièce allégorique; 3 pi., par
Hopfer et autres.

HOUBRAKEN.

147. Diogène montrant le portrait du cardinal de
Fleury, et le portrait de J. Vitriarius.

M. JAZET.

148. La mort du prince Poniatowski, ép. av. toutes l.
149. Le bivouac du colonel Moncey, et le 1⁰ʳ. régiment de hussards en tirailleurs, d'ap. *H. Vernet*, ép. av. la l.
150. Bivouac de Cosaques, ép. av. la l.

INGOUF.

151. Vierge au voile, d'ap. *Raphaël*, ép. av. la l.
152. Le retour du laboureur et le braconnier, d'ap. *Benazech*, ép. av. la l.

M. JOHANNOT.

153. Les Orphelins, ép. av. la l.
154. L'Amour désarmé, d'ap. *le Corrège*, av. la l. et pap. de Ch.

KLAUBER.

155. L'écolier d'Harlem et 5 pi. de la galerie du Palais-Royal, av. la l.

M. R. LANE.

156. Le Chaperon-Rouge, av. la l., pap. de Ch.

M. LAUGIER.

157. Daphnis et Cloé, d'ap. M. *Hersent*, 1ᵉʳᵉ. et rare ép., av. la l., av. la petite ligne : *tiré du cabinet de M. C. Perrier*, et sur pap. de Ch.

Ces épreuves, dites d'artistes, ne sont pas dans le commerce.

158. Le Zéphyr se balançant, d'ap. *Prud'hon*, ép. sur pap. de Ch. av. toutes l. ; seulement les noms des artistes tracés à la pointe; très-rare..

159. Pygmalion et Galathée, d'ap. *Girodet*, ép. avec la l. blanche.

160. La mort de Léandre, d'ap. M. *Delorme*, ép. av. la l.

161. Sapho se jetant dans la mer, d'ap. M. *Gros*, ép. av. la l.

162. La Même, av. la l. et sur pap. de Ch.

163. Portrait de Delille, ép. avec. la l. blanche.

164. Une vignette pour les poésies, sur la naissance du fils de Napoléon, av. la l.

LECLERC.

165. La Passion, en 36 pièces.
166. La Sainte Messe, 30 pièces.
167. 60 pièces diverses.
168. L'entrée d'Alexandre à Babylone, et les deux Académies des sciences.
169. L'entrée d'Alexandre à Babylone, belle ép., et la cour des Gobelins, 1ere. ép., av. la femme à la portière.
170. L'Arc de triomphe élevé à la gloire de Louis XIV, à la porte Saint-Antoine, et la

grande pierre posée au fronton du Louvre, 1re. ép.

M. LEROUX.

171 Portrait de François Ier., av. la l., pap. de Ch.

LERPINIÈRE.

172. Deux vues des environs de Londres, d'ap. *Robertson*, l. blanche.

M^r. LIGNON.

173. La Vierge au poisson, d'ap. *Raphaël*, ép. av. la l. et sur pap. de Ch.

174. Portrait du duc d'Orléans, ép. av. toutes l. et sur pap. de Ch., rare ép. entièrement terminée : *celles de cette condition ne le sont pas ordinairement.*

175. Portrait du duc de Richelieu, d'ap. M. *Lawrence*, av. toutes l. et sur pap. de Ch.

176. D°. du grand duc de Bade, ép. av. toutes l., et sur pap. de Ch. *Ces deux derniers portraits ne sont pas dans le commerce.*

177. D°. du Poussin, av. toutes l., et sur pap. de Ch. Cette ép. a été choisie sur les six qui ont été tirées de cette qualité.

178.* Portrait de mademoiselle Mars, d'ap. M. *Gérard*, ép. av. toutes l.; seulement les noms des artistes tracés à la pointe.

179. D°. de Talma, av. toutes l. et av. les couronnes, ép. sur pap. de Ch.

LOIR.

180. Moïse sauvé, paysage d'ap. le *Poussin*.

MAILE.

181. La mignature, d'ap. *Harper*, ép. avec la l. blanche et sur pap. de Ch.
182. Autre ép. encadrée.

G. MANTUAN.

183. La Calomnie traînant l'Innocence devant un juge ignorant, d'ap. *Lucas Penni*, belle ép.
184. Le jugement de Pâris.

MARC ANTOINE.

185. Cinq sujets de l'histoire d'Énée, faisant partie de la grande est. *dite* le *Quos Ego*, ép. av. la retouche de Salamanque, et une pièce de l'histoire de Psyché.

MM. MASQUELLIER et MOUGEOT.

186. Jésus couché sur la croix, d'ap. l'*Albane*, et deux portraits, d'ap. *Van Dick*; 3 pi. de la galerie de Florence, ép. av. la l.

MASSARD *père*.

187. Adam et Ève, d'ap. *Cignani*, av. la l.
188. Charles Ier. et sa famille, d'ap. *Van Dick*, av. la l.

M. R.-U. MASSARD.

189. Attala, d'ap. *Girodet*, av. la l. et sur pap. de Ch.

190. Homère, d'ap. M. *Gérard*, ép. av. la l. et sur pap. de Ch., rare à trouver, imprimée *sur ce papier*.

— 191. Un portrait de Louis XVIII, av. toutes l., et deux portraits de Napoléon, *trois camés*.

MASSON.

192. Le duc d'Harcourt, dit le Cadet à la Perle, belle ép. av. le trait échappé au-dessus de la tête, et av. celui échappé dans la marge de gauche en forme de quatre.

193. Marin Cureau, av. les contre-tailles sur le visage.

194. Portraits de Patin médecin et du duc Albert; le 1er. est av. la l.

MECHAU.

195. Seize vues des environs de Rome, gravées à l'eau-forte, *provenant du cabinet Rigal*.

M. MECOU.

196. Huit portraits de la Famille impériale de Russie, av. la l.

R. MORGHEN.

197. La transfiguration, d'ap. *Raphaël*, ép. av. la lettre.
198. La Vierge et l'enfant Jésus, d'ap. *Garafolo*, ép. en l. blanche.
199. Marie-Madeleine de Pazzi.
200. Portraits de Napoléon et de Volpato.
    D°. du prince Nassoriac et de Mayer, av. la l.

MOYREAU.

201. Retour de la chasse et pendant, d'ap. *Wowermans*, belles ép.

MULLER *père*.

202. La fuite en Égypte, ép. av. la l. (*Musée Robillard.*)
203. La Vierge à la chaise, d'ap. *Raphaël*, av. la l., pap. de Chine.
204. Alexandre vainqueur de lui-même, d'après *Flinck*, sur pap. de Chine.
205. Portraits de madame Le Brun, ép. av. toutes lettres.

F. MULLER.

206. La Madone de Saint-Sixto, d'ap. *Raphaël*, belle ép. av. la l. et avec toute sa marge.

M. MULLER.

207. La Vierge, saint Jérôme et la Madeleine, d'ap. le *Corrège*, rare ép. av. toutes lettres et sur pap. de Chine.
208. L'eau-forte de la même.
209. Le portrait de Henri IV, d'après M. *Gérard*, ép. av. la l. sur pap. de Chine; les noms des artistes tracés à la pointe. Au bas est écrit : *Les ornemens de M. Percier*. Peu d'ép. ont été tirées avec cette petite ligne.

OEUVRE DE NANTEUIL.

210. Têtes de Christ et de Vierge, Sainte-Famille, armoiries et lettres; 5 pièces.

Belle collection de portraits provenant en grande partie du cabinet Dufrêne.

211. Amelot (*Jacques*).
212. Amelot (*Michel*), grande planche de 1675.
213. * Anne d'Autriche, grand portrait dans un ovale, 1re. et bellee ép. av. le guillemet, après l'année 1666.
214. Autre portrait du même personnage, planche de 1660.
215. Anne Bouthellier, 1re. ép. av. les vers.
216. Attichy (*Louis-Denis d'*).
217. Bailleul, 1re. ép. av. l'année 1658 et av. le guillemet.

218. Barberin (*Antoine*), entouré d'une couronne de chêne, planche de 1663, ép. av. le guillemet.
219. Le même dans une bordure octogone, planche de 1664.
220. Beaumanoir (*Philippe de*), 1re. ép. avec les carrés blancs dans les armoiries.
221. Benigne Bossuet.
222. Blanchart (*François*).
223. Blondeau (*David*), belle ép. sans inscription, 1653.
224. Le même, petit format, 1650.
225. Boileau (*Gilles*), père du poète, 1re. ép. av. les vers latins qui sont au bas : *Desine flere tuum....*
226. Boucherat (*Louis*).
227. Bouchu (*Pierre*), belle ép.
228. Boultz (*Natalis*), belle ép.
229. Bouthellier (*Victor*), 1re. ép., les armes non terminées.
230. Le même personnage enfermé dans un oval, environné des signes de l'épiscopat, planche en largeur, 1662.
231. Brunswick (*le duc de*), belle ép.
232. Carbon (*J.-M. de*), archevêque, 1re. ép. av. les changemens dans l'inscription.
233. Chamvalon, planche de 1671.
234. Charles II, duc de Mantoue.

235. Chauvigny (*Louis B. de*), très-belle ép.

236. Clermont-Tonnerre, 1re. ép. av. les noms et les armes non terminées.

237. Colbert (*Jean-Baptiste*), grand portrait enfermé dans un ovale. Le chiffre de Colbert, formé par deux *C* entrelacés et surmontés d'une couronne, orne les angles. Nanteuil a gravé ce portrait en 1676, d'après un tableau peint par lui-même ; très-belle ép. avec un petit *B* tracé à la pointe dans le haut de l'ovale. Les lignes qu'on a tracées pour l'inscription, sont très-apparentes. Ces remarques n'existent plus dans les ép. postérieures.

238. Le même personnage, d'après *Philippe de Champagne*, enfermé dans un oval, 1660. Ce portrait, un des plus beaux du maître, est av. le guillemet et d'une belle conservation.

239. Le même, tourné vers la droite, planche de 1662, belle et ancienne ép.

240. Autre du même, d'après *Nanteuil*, sans marge.

241. Colbert (*Nicolas*), enfermé dans un ovale. Trois *C* entrelacés, formant le chiffre du personnage, sont placés dans les angles ; belle ép.

242. Autre du même, entouré d'une couronne d'olivier.

243. Condé (*Louis B. prince de*), belle ép., planche de 1662.
244. Coislin (*comte de*), 1re. et belle ép. av. le guillemet et l'inscription.
245. Courtin (*Honoré*), ép. av. l'inscription autour de l'ovale.
246. Créquy, maréchal de France, 1re. ép. av. le guillemet et avec un pouce de marge; rare à trouver en cet état.
247. De Lamothe Le Vayer; belle ép.
248. Desève, prevôt des marchands de Paris, belle ép. avec l'année 1662.
249. Despernon (*de la Vallette, duc de*).
250. Dorieu (*Jean*), président en la Cour des aides, très-belle ép. av. le guillemet qui se trouve après l'année 1660.
251. Dormesson (*Lefèvre*).
252. Dulieu (*F. Antoine*), 1re. ép. av. le guillemet.
253. Gassendi (*Pierre*), 1re. ép. av. le guillemet, après l'année 1658.
254. Gillier et son épouse, deux pièces.
255. Guébriant (*le comte de*), maréchal de France, ancienne ép.
256. Guénault, médecin de la reine, 1re. et rare ép. av. le guillemet et les vers; grande marge.
257. Guénégaud (*Henri de*), d'après *Philippe de*

Champagne, 1re. ép. av. la croix du Saint-Esprit.
258. Jeannin (*Pierre*), 1re. ép. av. l'année 1658.
259. Joly (*Claude*), évêque et conseiller d'État.
260. Lallemant (*Pierre*).
261. Lamoignon (*Guillaume*), belle ép.
262. Autre du même, d'un format plus petit, beau d'ép., 1663.
263. Le Coigneux (*Jacques*), belle ép.; 1654.
264. Le Pautre, architecte, portrait enfermé dans un ovale, orné d'une composition allégorique, gravée à l'eau-forte par *Le Pautre*.
265. Autre du même.
266. Le Tellier (*Michel*), 1re. et rare ép. avec la date du 20 juin 1659 et av. le guillemet; les ép. postérieures portent la date du 23 juillet 1659.
267. Le même avec la date du 23 juillet 1659.
268. Autre du même, sans date, d'après *Philippe de Champagne*.
269. Autre du même, dans une bordure octogone de feuilles de chêne, 1661, sans inscription.
270. Autre du même, bordure carrée sans inscription, très-beau.
271. Autre du même, bordure ovale de feuilles d'olivier, 1667.

272. Autre du même, dans une bordure ovale formée de feuilles de chêne; d'un côté est le génie du silence, de l'autre celui de la fidélité.
273. Le Tellier (*Maurice*), planche de 1663, belle ép.
274. Autre du même, de 1672.
275. Ligny (*l'abbé de*), sans inscription, 1654.
276. Lionne (*Paul et Hugues*), deux portraits; un est remmargé.
277. Lomenie (*Henri*), belle ép.
278. Loret (*Jean*), poète, 1re. ép. av. la virgule qui se trouve ordinairement après le mot Loret, à la première ligne du quatrain qui est au bas, peu connu avec cette remarque.
279. Lotin, sans année, belle ép.
280. Louis XIV, grand portrait dans un ovale, avec un soleil à chaque angle, 1re. ép. avec les moustaches relevées formant le crochet, et av. le guillemet qui se trouve ordinairement après l'année 1670; rare.
281. Le même, portrait avec les changemens.
282. Louis XIV, grand portrait pour une thèse.
283. Louis XIV dans un ovale; aux deux côtés du bas des trophées des arts et de guerre, 1663.
284. Louis XIV dans un ovale sans ornemens; belle ép. 1664.
285. Louis Dauphin, sans marge; très-belle ép.

286. Autres avec marge.
287. Louise-Marie, reine de Suède.
288. Louvois (*le marquis de*).
289. Autre du même, pour une thèse, grand portrait dans un ovale formé d'une couronne de feuilles de chêne; très-belle ép.
290. Maroles (*Michel, abbé de*).
291. Masle (*Michel le*), belle ép.
292. Matignon (de), évêque de Lisieux, première ép. av. le collier de l'ordre.
293. Maupou (*Jean de*), évêque, 1671.
294. Mazarin, cardinal, dans un rond formé de feuilles de laurier; au bas est une vignette représentant la maladie de Louis XIII, 1656.
295. Autre du même, dans une bordure octogone, avec l'année 1659.
296. Autre du même, avec l'année 1656.
297. Autre du même, avec l'année 1662.
298. Meilleraye (*de la Porte, duc de*), maréchal de France, très-rare ép. av. des travaux sur le grand côté de la figure av. des tailles sur le front et av. le guillemet.
299. Ménage (*Gilles*), homme de lettres, première ép. av. le guillemet et avec huit lignes de marge.
300. Mesme (*Jean-Antoine de*), président au parlement; planche de 1655 av. l'inscription.
301. Molé (*Édouard*), président au parlement.

302. Nesmond (*François de*), évêque.
303. Neufville (*Ferdinand*), évêque de Chartres, première ép. av. le guillemet et avec l'année 1664; les ép. postérieures portent l'année 1665.
304. Novion (*Nicolas-Pothier de*), premier président, dans une forme carrée; planche de 1653, pr. ép. av. les vers latins.
305. Le même avec les vers.
306. Novion (*idem*), dans une forme ovale formée de feuilles de laurier; belle ép. de la planche de 1664.
307. Le même, avant l'année 1656.
308. Orléans (*Henri d'*), duc de Longueville.
309. Paul (*le comte de saint*).
310. Payen des Landes, belle ép. av. le guillemet.
311. Perefixe de Beaumont, évêque de Rhodes.
312. Pomponne de Belièvre. Ce chef-d'œuvre de Nanteuil est de la plus grande beauté d'ép. et de conservation. Il provient du cabinet Karcher, n°. 184 *du catalogue de M. Duchesne.*
313. Pomponne (*Simon-Arnault*), grand portrait dans un ovale, planche de 1675.
314. Poncet (*Pierre*), belle ép.
315. Regnauldin (*Claude de*), procureur-général du grand-conseil, avec les vers commençant par ces mots: *Tel encore aujourd'hui....*
316. Le même, avant les vers, très-belle ép.

317. Rétz (*le cardinal de*), dans une forme carrée; au bas deux masses; sans nom, 1650.

318.* Richelieu (*le cardinal de*), premier ministre de Louis XIII, d'ap. *Philippe de Champagne;* très-belle ép. avec 7 à 8 lignes de marge.

319. Savoie (*Henri de*), archevêque de Rheims av. l'inscription à la marge du bas.

320. Séguier (*Pierre*), marquis de Saint-Brisson, prevôt de Paris, belle ép.

321. Servien (*François*), évêque de Bayeux, d'ap. *Philippe de Champagne,* belle ép.

322. Stemberghen, dit l'avocat de Hollande, très-belle ép. av. le guillemet et les vers.

323. Talon (*Denis*), avocat.

324. Théodose de la Tour d'Auvergne, belle ép., 1668.

325. Autre du même, dans un ovale avec des tours aux angles sur un fond de fleurs de lis, 1670.

326. Thévenin (*Claude*), belle ép. sans inscription, 1653.

327. Turenne (*Henri, vicomte de*), maréchal de France; grand portrait dans un ovale; aux quatre angles des tours; planche de 1665. Cette pièce capitale, une des plus recherchées de l'œuvre, ne laisse rien à désirer pour la conservation et la beauté de l'ép.

328. Turenne (*idem*), d'un plus petit format, planche de 1649, belle ép. av. la l.

329. Le temps nous ayant manqué pour détailler quelques autres beaux portraits de *Nanteuil*, nous en formerons plusieurs lots sous ce numéro.

M. NIQUET.

— 330. La descente de croix et la transfiguration, d'ap. *Raphaël* et *Rubens*; deux pi. av. la l. et sur pap. de Chine.

— 331. Vénus sortant des ondes, deux ép., une est avec et l'autre av. la l. et la bordure, sur pap. de Ch. L'Apollon du Belvéder av. la l.; 3 pi.

PESNE.

332. Les sept sacremens, d'ap. le *Poussin*, anciennes et belles ép. av. l'adresse.

333. Mort de Saphire, d'ap. le *Poussin*, belle ép. av. l'adresse.

M. PETIT.

— 334. Vierge et enfant Jésus, d'ap. *Raphaël*, ép. av. la l. et sur pap. de Ch.

— 335. Saint Georges combattant le dragon, d'ap. *Raphaël*, ép. av. la l.; l'eau-forte de la même.

— 336. Danse des nymphes, d'ap. *V. Werff*; très-belle ép. av. la l. et pap. de Ch., seul exemplaire connu sur ce papier.

B. PICART.

337.* Charles Ier. et Marie Stuart.
338. La gloire céleste d'ap. les peintures de *Le Brun*, dans la chapelle de Sceaux, frontispice de la Sainte-Bible, serment de Guillaume III, prince d'Orange aux États-généraux et autres sujets historiques et allégoriques; 6 pi.
339. Sujets historiques allégoriques, frontispices et autres; 16 pi.
340. Vingt-quatre sujets et frontispices pour le Télémaque.

M. PIGEOT.

341. Enfant soufflant des boules de savon; belle ép. av. la l. et sur pap. de Ch. (*du Musée*).

PILLEMENT.

342. Deux paysages, d'ap. *Breugel*, ép. av. la l.

PITAU.

343. Une Sainte-Famille, riche composition, par *Saint-Villequin*.

F. DE POILLY.

344. Fuite en Égypte, d'ap. le *Guide*.
345. Sainte-Famille, d'ap. *Villequin*. Saint François, ép. av. la l.
346. Saint Jean l'Évangéliste, saint François en ex-

tase et un frontispice; 3 pi., 2 sont d'ap. *Le Brun.*

PONTIUS.

347. Adoration de l'enfant Jésus, d'ap. *Rubens.*
348. Le Christ mort, sur les genoux de la Vierge, d'ap. *le même,* ép. brillante remmargée.
349. Saint Roch priant pour les pestiférés, d'ap. *le même,* belle ép. sans marge.
350. Le roi boit, d'ap. *Jordaens.*

PORPORATI.

351. Mort d'Abel, et Agar renvoyée, ép. av. la l.
352.* Autre ép. de la mort d'Abel, av. la l.
353. L'Amour assis dans un ovale, pi. *dite le Garde-à-vous,* ép. rare, av. la l., montée sur un châssis pour élargir la marge.
354. Le coucher, belle ép. av. toutes l.

M. POTRELLE.

355. L'Amour et Psyché, d'ap. *David,* ép. av. la l. et sur pap. de Ch.

M. PRADIER.

356. L'Amour et Psyché, d'ap. *M. Gérard,* av. la l.

M. AB. RAIMBACH.

357. Le jour de loyer et les politiques de village, d'ap. *M. Wilkie,* ép. très-rares, sur pap. de Ch.,

av. les armes et avec le titre en grandes lettres tracées à la pointe, *dites* ép. d'artistes. Ces deux estampes, les plus recherchées de ce graveur, sont peu connues dans le commerce, de cette qualité.

358. Le doigt coupé, d'ap. *le même*, belle ép. sur pap. de Ch. et av. la l.

359. Le petit commissionnaire, d°.   d°.

RAYLAND.

360. Entrevue d'Edgar et d'Elfrid, la charte du roi Jean, ép., lettres grises.

RIBAULT.

361. Sainte-Famille, vierges, couronnement d'épines, avant la l. Portraits, Pie VI, Bernardin de Saint-Pierre, Marie-Louise, et un sujet allégorique; 7 pi., av. la l.

M. I. RICHOMME.

362. Adam et Ève, d'ap. *Raphaël*, est. donnée par l'auteur à M. Bervic, n°. 137 *du catal. de son cabinet*, belle ép. av. la l.

363. Neptune et Amphytrite, d'ap. *J. Romain*, très-belle ép. av. toutes l.; seulement les noms des artistes tracés à la pointe et sur pap. de Ch.

364. Le triomphe de Galathée, d'ap. *Raphaël*, une des plus belles ép. connues, signée par l'auteur,

av. toutes l.; seulement les noms des artistes tracés à la pointe, sur pap. de Ch., et avec le petit paysage dans la marge du bas.

ROULLET.

365. La Vierge au raisin, d'ap. *Mignard.*

SAVART.

366. *Louis XIV, d'ap. *Rigaud,* ép. av. toutes l., et Richelieu, d'ap. *Ph. de Champagne.*

SAINT-AUBIN.

— 367. Montesquieu, La Fontaine, madame La Vallière et Lekain; 6 portraits av. la l.

SCHARP.

368. Cromwell dissolvant le parlement, très-belle ép. av. la l., *provenant du cabinet de M. Durand,* sur pap. de Ch.

SCHERWIN.

— 369. Portrait de Woollett, en action de graver, Périclès et Aspasie et pendant, deux billets de bal; 5 pi. av. la l.

G.-F. SCHMIDT (*de Berlin*).

— 370. Sept sujets divers, et portraits gravés à l'eau-forte, d'ap. *Rembrandt;* 8 pi., belles d'ép.

— 371. Loth et ses filles, et les Fumeurs, gravés à l'eau-forte, d'ap. *Rembrandt* et *Ostade*.

— 372. Louis de la Tour-d'Auvergne, comte d'Évreux, très-beau portrait gravé au burin.

373. J.-B. Rousseau, deux différens portraits et Guyot-Desfontaine; 3 pi.

MM. SCHROëDER *et* LE ROUX.

374. L'Aumône, paysage d'ap. *C. Dujardin*, de la collection du Musée, ép. *dite* d'artistes, av. la l., sur pap. de Ch.; les noms seulement tracés à la pointe.

VAN SCHUPPEN.

375. Michel-le-Teller, le marquis de Nérestang, F. de La Haye et autres; 6 portraits très-beaux d'ép.

SORNIQUE.

— 376. Les délices de la tabagie, les joueurs de cartes et le philosophe, d'ap. *Teniers et autres*; 3 pi., 2 sont av. toutes l.

SPIERRE.

377. Vierge, enfant Jésus et saint Jean, dans une forme ronde, d'ap. *le Corrège*, belle ép. remargée.

STRANGE.

378. Cléopâtre et la Fortune, d'ap. *le Guide*, très belles ép.

379. Vénus couchée et l'Amour endormi, d'ap. *le Guide* et *le Titien.*
380. Apothéose d'un enfant, d'ap. *West.*

G. STELLA.

381. Saint Pierre et saint Paul, guérissant les estropiés à la porte du temple, d'ap. *le Poussin,* av. toutes l.

SUYDERHOEF.

382. Les quatre bourgmestres d'Amsterdam et un sujet de tabagie.

M. A. TARDIEU.

383. La communion de saint Jérôme, d'ap. *le Dominiquin,* av. la l.
384. Cinq portraits divers, dont Henri IV, Jean-Bart et autres.
385. Les adieux de Louis XVI à sa famille, frontispice, av. la l.

M. TAVERNIER.

386. Narcisse et la Circassienne, l. blanche.

M. TESTARD.

387. Un temple égyptien d'une riche architecture, faisant partie du grand voyage d'Égypte, ép. av. toutes l.

VOSTERMANN.

388. Descente de croix, d'ap. *Van Dick,* belle ép.

WITDOECK.

589. Sainte-Famille, d'ap. *Rubens*.

WILLE.

390. Les musiciens ambulans, d'ap. *Dietrick*.
391. La dévideuse et la liseuse, belles ép.
392. La ménagère hollandaise, belle ép.
393. Les portraits de Charles-Théodore et son épouse.
394. D°. de Louis, duc d'Orléans, Frédéric, roi de Prusse, et Maurice de Saxe, maréchal de France; 3 pi.
395. Cinq d°., dont Louis XV, les cardinaux de Sciara et de Tencin, etc.
396. Cinq d°., Marie de Saxe, dauphine, Joseph Parrocel, Briseux, etc., dont deux av. la l.
397. Saint Florentin, 1ere. et rare ép., avant le titre de secrétaire-d'état, et avec les maillets blancs, parfaite conservation.
398. Quatre portraits : Benoît, second fils de Jacques Stuart, Leglin, Quesnoy, etc.
399. J.-B. Massé et Nicolas Réné.
400. Six pièces : vignettes, paysages, portraits, etc. par Wille et autres.

C. WISCHER.

401.* Le marchand de mort-aux-rats, sans marge.
402.* La Bohémienne, très-belle ép.

403.* Interieur de tabagie, d'ap. *Ostade.*

VIVARES.

404. Fête à Cérès, d'ap. *C. Lorrain*, ép. rare non terminée.

405. Vénus et les nymphes, marche d'animaux et paysages, d'ap. *C. Lorrain* et *Patel.*

WILSON-LOURY.

406. Deux paysages, av. la l., d'ap. *C. le Lorrain.*

WOOLLETT.

407. Quatre paysages, *intitulés* les Saisons, d'ap. *Jones* et *Smith*, ép. av. la l.

408. Apollon faisant danser des nymphes, paysage d'ap. *Wilson*, ép. av. la l.

409. Le paysage au dessinateur et pendant, d'ap. *Smith.*

410. Trois paysages, d'ap. *Hobema* et *C. Lorrain*, par Maison et Volpato, ép. av. la l.

411. Cascatelles de Tivoli, avec l'eau-forte, ép. av. la l.

412. Dix-sept grandes vues de l'Empire ottoman, ép. av. la l.

413. Plusieurs lots de gravures en feuilles et encadrées seront vendus sous ce numéro.

ESTAMPES EN RECUEILS ET SÉPARÉES.

414. Le Musée français, connu sous le nom de *Musée Laurent*, en 40 livraisons, ép. de choix et av. la l., très-bel exemplaire.
415. Vues de Paris, gravées par les plus célèbres graveurs anglais, d'ap. les dessins de M. *Nash*, 2 vol. in-folio, l'un de texte et l'autre de planches, au nombre de cinquante avec les doubles à l'eau-forte, plus un supplément de sept eaux-fortes. Cet unique exemplaire formé par M. *Nash*, est de la plus grande beauté. Les ép. sont toutes av. la l. et avec remarques.
416. Six livraisons de vues pittoresques, gravées à l'eau-forte, par M. le vicomte *de Senone*.
417. Le sacre de S. M. Charles X, très-bel exemplaire, 1 vol. in-folio, demi-reliure.
418. OEuvre de Bourdon, contenant 143 pi. Plusieurs sont gravées à l'eau-forte par lui-même, 1 vol. in-folio.
419. Coupes, plan, élévation, vues intérieures et extérieures du monastère de Batalha, en Portugal, dessinés par *Murphy*, architecte, et gravées par *Lowry*, avec un discours historique et des notes descriptives, par M. *de Souza*, texe anglais. Ce bel ouvrage, riche de détails d'ar-

chitecture moresque, est gravé avec le plus grand soin.

420. Collection de paysages, d'ap. *C. Lorrain* et *Gaspre Poussin*, gravés par *Vivarès* et autres habiles graveurs, 1 vol. broché.

421. Trois paysages du Grand Musée, d'ap. *Ruisdaël* et autres, ép. av. la l. et sur pap. de Ch.

422. Dix-sept pièces du Musée Filhol, gravées par M. *Bovinet*, ép. av. la l.

423. Dix-neuf pièces d°., dont la vie de saint Bruno, par *Dambrun* et autres.

424. Dix d°., par *Langlois*, l. blanche.

425. Quatre d°., par *Massard*, av. la l.

426. Dix d°., par *Niquet*, dont les batailles d'Alexandre.

427. Treize d°., dont huit av. toutes l., par *Ortmann*.

428. Dix d°., par *Pigeot*, ép. av. la l.

429. Treize d°., paysages, vues de Venise, par divers.

430. Trente-quatre d°., av. toutes l., quelques-unes sur pap. de Ch.

431. Dix d°., dont deux remmargées.

432. Le déluge, d'ap. *Girodet*. Allocution, d'ap. *Gotrhault*. La Gloire distribuant des couronnes, les statues de Napoléon, du Poussin et d'Aristide; 7 pi. des prix décennaux, ép. av. toutes l.

et l. blanches, gravées par MM. *Bertaux, Corot, Laugier* et *Niquet*.

433. Vues, paysages et marines anglaises, la plupart sur papier de Ch. et av. la l.; 11 pi.

434. Vues de monumens d'Angleterre, par *Gray*; ép. avec la l. blanche et sur pap. de Ch.; 6 pi.

435. Châteaux et monumens anglais, d°.; 8 pi.

436. Sept paysages, par *Cook-Heath* et autres, l. blanche et sur pap. de Ch.

437. Cinq vignettes anglaises pour le Rasselas, d'ap. *Smirke*, par *Raimbach*, avec l'explication des sujets, un cahier, petit in-folio, broché.

438. Treize vignettes d°., par *Raimbach-Heath* et autres.

439. Dix-sept d°., av. la l., plusieurs sur pap. de Ch.

440. Vingt-cinq d°.

441. Vingt-cinq d°., pour divers ouvrages, seize sont av. la l., sur pap. de Ch.

442. Dix-sept d°., av. la l., dont quatorze sur pap. de Ch.

443. Onze d°., par *Heath*, plusieurs av. toutes l. et sur pap. de Ch.

444. Mort de Nelson, marines, batailles, pièces allégoriques sur la réformation, etc.; 7 pièces, par *Fitler, Neagle, Smith* et autres.

445. Vues, cartes et animaux; 33 pi.

446. Vignettes pour le Racine, édition de M. Didot; 9 pi., dont 6 av. toutes l.

447. Vignettes, portraits et frontispice pour les œuvres du Camoëns, gravées par les premiers artistes français. Très-bel exemplaire; ép. choisies, dites d'artistes, av. la l. et sur pap. de Ch.; 12 pièces.

448. Dix-huit vignettes et sujets divers, la plupart d'après *Moreau*.

449. Sujets, vignettes et les portraits des dames Mars et Raucourt; 14 pi.

450. Trente-neuf pièces, sujets et vignettes.

451. Le couronnement, d'ap. *David*, Henri IV, le Zéphir, l'Amour, et la statue de la Minerve Borghèse; 5 pi., dont 3 av. toutes l. et sur pap. de Ch.

452. Treize pièces, vignettes et portraits, dont Louis XVIII, Washington, mesdames de Sévigné, de Grignan, de Salm, etc., gravées par *Roger*.

453. Neuf estampes, dont l'enfant prodige, Sainte-Famille, sainte Cécile, le Temps coupant les ailes à l'Amour, Vénus et les Amours, sujets allégoriques, etc., d'ap. *Cipriani, Van Dick, Hocquart, Mignard, Rubens* et autres.

454. Portraits des personnages illustres modernes

avec texte, 2 vol. in-4°., dos de maroq. r., bel exemplaire.

455. Galerie française ou portraits des personnages les plus célèbres de toutes les époques, avec des notices historiques; 22 livraisons.

456. 7 Costumes du sacre, dont celui de Joséphine, d'ap. M. *Isabey*, par MM. *Massard*, *Ribault* et autres.

— 457. Portrait de Napoléon, par *Bartolozzi*, et celui du général Hubert, par *Ortmann*, av. la l. et sur pap. de Ch.

— 458. Portrait de femme au milieu de nuages, soigneusement coloriée et gravée par *Mail*.

— 459. D°. de Napoléon, d'ap. *Vernet*, Corneille, Molière et Racine, 4 pi. en lythographie.

— 460. D°. du connétable de Bourbon, La Fontaine, J.-J. Rousseau et autres; 5 pi.

— 461. D°. de John Milton et du comédien anglais Matheus, représentant divers personnages, par *Meger* et *Renold*. De Cassini et Mignard; 4 pi., av. la l.

— 462. Cinq portraits, d'ap. *Van-Dick* et *Vélasquez*, dont le comte d'Arembergh, à cheval, et 3 de diverses galeries.

— 463. Vingt-sept d°., dont Catherine II, La Fontaine, Le Brun poète, Molé, Corneille et autres.

464. Dix portraits de l'abbé Bernis, imprimés sur divers pap. de couleur.

465. Les peuples de la Russie ou description des mœurs, usages et costumes de tous les peuples qui composent ce vaste empire ; 2 vol. in-fol. ornés de 100 belles gravures coloriées ; le texte sur papier vélin d'Annonay, par M. le comte de *Rechberg* ; très-bel exemplaire.

LYTHOGRAPHIES.

466. Six sujets historiques sur la mort du duc de Berry, par M. *Vigneron*, belles ép.
467. Communion des défenseurs de Missolonghi, lythographiée par M. *Chrétien*, d'ap. *Rossignon*, sur pap. de Ch.
468. Les remords de Caïn, après le meurtre d'Abel, d'ap. M. *Paulin-Guérin*, par M. *Belliard*, sur pap. de Ch. et av. la l.
469. Anchise recevant Vénus sous les traits d'une nymphe, par *le Même*, d°.
470. Costumes coloriés, par *H. le Comte* ; 39 pi.
471. Choix de vues pittoresques, châteaux, mo-

numens, etc., du département de la Gironde, par M. *Thienon*; 29 planches avec texte.

472. Album des Peintres de Sèvres, 1820.
473. 3 cahiers, essais lythographiques, vues, etc., par MM. *Bellangé, Desormes* et *Parmentier*.
474. Deux études d'Arabes, d'ap. *Girodet*, par M. *Loche*, ép. av. la l., une est sur pap. de Ch.
475. Le Zéphyr, d'ap. *Prud'hom*, ép. av. la l.; Jupiter et Io, l'espiéglerie et pendant; 4 pi.
476. Sujets, paysages et portraits, 12 pi.; dont 2 coloriées.
477. Bordures dorées, portefeuilles, etc.

FIN.

IMPRIMERIE MOREAU, RUE MONTMARTRE, N°. 39.

www.ingramcontent.com/pod-product-compliance
Lightning Source LLC
Chambersburg PA
CBHW050026230526
45470CB00003B/1154